JN410434

오늘까지만 함께 걸어갈

홍순영 시집

시인동네 시인선 084

홍순영 시집

오늘까지만 함께 걸어갈

시인동네

시인의 말

새로움은 늘 가능성으로만 존재하는 것일까

의심하고, 또 회의하면서
새장 속을 들락거리는
나는,
간신히 반쪽의 얼굴입니다

2017년 11월
홍순영

차례

제2부

제3부

제1부

거미 인간

지하에 사는 거미는 사람을 낳았다
자신의 영역이 확장될수록
불가능한 것을 가능하다고 여기는 오류가 태어나지

평생 할 수 있는 일이 거미집을 짓는 일이어서
그것은 일억 사천 년 동안 권태 없는 직업이어서
기척 없는 집 모서리마다 성실히 줄을 풀어놓는다
거미의 자식은 태어나도 우는 법이 없어
우는 소리를 듣지 못한 거미는
오늘도 하던 일을 계속할 뿐

사방에 뻗어 있는 거미줄 걷어내며 안쪽으로 들어섰을 때
거기
거미가 낳았으나 기르지 못한 사람, 얼룩처럼 누워 있었다
아홉 겹의 옷과 목장갑을 낀 채
오 년 여름 숨어서 마침내 백골이 된 사람이
거미의 아기가 된 사람
거미가 키우려 했지만 포기한 사람이

틸란드시아*

틸란드시아를 입술에 매달면
턱 밑에서 수염이 자라나지

한 번도 만들어내지 못한 수염
턱을 자꾸 만지면 점점 더 길어지는
야릇한 질문

까끌한 턱과 털이 부숭한 다리 사이에
끼인 적이 있었던 것 같은데
밀쳐내려 해도 거미줄처럼 죄어오던
부드러워서 엉키고, 엉켜서 무성해지는
어두운 숲속에 갇혔던 유년이

틸란드시아, 틸란드시아
입술로 물을 주면
물방울 속에 갇히는 호흡 가빠오고
수염은 점점 자라나는데
주문을 멈출 수 없네, 틸란드시아

사라졌던 숲이 불현듯 쳐들어오고

틸란드시아, 먼 이국 여인의
긴 머리채를 잡아채 질질 끌고 가는
비애가 깔린 골목,
아무 일 없다는 듯 지나치는 자전거의 오후가 해맑은

*공기 중의 수분과 먼지 속에 있는 미립자를 자양분으로 하여 자라는 식물.

막 부서지려는 한 떨기 슬픔을

몇 해째 나는 얼굴을 갖지 못했어

그녀는 심심하면 베란다에 나와 나를 한참 쳐다보다가
내 모가지를 싹둑,
나는 식탁 위에서 모딜리아니의 여자가 되곤 했지

그녀의 손이 목덜미를 스칠 때마다
내 입술은 한 장의 혓바닥을 그녀 손바닥에 내려놓았어
회색이 되어가는 한숨 섞인 비애를

그녀는 나를 의심하고
나는 그녀를 의심하고
나와 그녀는 축축한 흙 속에서 서로의 뿌리를 잡아당겼지
마구 흔들리는 서로의 얼굴 들여다보며
여름의 채찍을 견디려고 했는데

나는 얼굴이 하나둘 없어지고
그녀의 얼굴은 점점 금이 갔어

나의 창백한 얼굴은 점점 청색이 되고
마침내 보랏빛으로,
시드는 일몰 속으로 뛰어들고 말았는데

나는 더 이상 그녀에게 건네줄 얼굴이 없어 슬퍼졌네
금이 간 얼굴로 그녀는 늙어가고
슬픔은 목질처럼 단단해졌지

오늘 아침 나는 그녀의 얼굴을 꺾어 내 모가지 위에 얹었네
막 부서지려는 한 떨기 슬픔을 간신히

순록 바늘

살은 다 사라지고
뼈만 남은 시간이야

자신의 뿔 하나를 빌려준 순록 한 마리
내 곁에 잠시 서 있다
눈물 떨구며 돌아서는 것을 보네

여인아,
너를 붙잡아두려고
순록의 무리를 뒤쫓았지
차가운 강물 속으로 뛰어들던 무리 속에서
유일하게 뒤를 돌아본 한 마리와 눈이 마주쳤어
기어이 뿔 하나를 얻었지
너의 마음을 파고들 듯
깊이 파고들어 간 뿔의 속 뼈
흰빛이 어른거렸어
네 몸을 어루만지듯 오래 문질러 얻어낸 바늘 하나

너와 나를 이어 줄 그 무엇을 떠올렸던 걸까

나는 떨고 있는 너를 생각한 것뿐인데
옷깃마다엔 네 피가 점점이 배어 있구나

바람은 찬데 너는 자꾸 숲으로 달아나려 하고
너의 찢어진 무릎과 갈라진 발뒤꿈치에서
붉은 실이 흘러나오고 있었어

너의 어둠 속에 꽂힌 바늘 찾지 못해 오래 헤매었지만
그것이 내 핏속을 돌고 있을 줄은 몰랐네
친구들과 찬 강물을 건너가는 나의 순록아
나는 너의 뿔 하나를 결국 돌려주지 못하는구나

나의 살은 사라지고
뼈만 남은 시간이야
날 찾아온 순록이여,
내게서 너의 뿔을 가져가렴

한 장의 하루

흔한 고백은 백지에 흘린 커피 자국 같아
향기도 색도 점점 엷어져가는

노트에 뭔가 적으려 했는데
이미 누군가의 글이 적혀 있으면
거기에 수장되는 느낌이야
빠져나오려고 허우적대다 노트를 덮지

같은 말은 반복 안 했으면 좋겠어
우리는 감(感)을 늘려서 감정을 사육해
갇히는 것은 또 늘 우리들

하루에 하루를 연장해도 보이는 건
단 한 장의 하루, 쓸쓸한 목덜미의
같은 제목을 가진 나날들

아무도 듣지 않는 말들을 끌고 저녁 저수지를 배회할 때
낮의 까만 발바닥을 버려둔 채 혼자 돌아설 때

어깨에 얹히는 손
누구?

돌아보면 번지는 오늘의 얼굴
오늘까지만 함께 걸어갈

날카로운 행운

펜을 들고 우리는 어디서 출발할까 고민해
어둠은 우리의 놀이터였잖아
너는 캄캄한 카드 앞에서 환하게 웃고

뭘 고민하는 거야
한바탕 줄긋기를 시작하자고

너는 나를 향해 마구 엉킨 실뭉치를 던지지

나에게 도착할 듯, 카드 밖으로 튕겨 나가는 실뭉치
내 눈빛이 굴러가는 걸
너는 놓치고 싶어 하지

너의 긴 손톱으로 그려내는 감정
아주 살짝만 스쳐도 흔적이 남는

애당초 나를 숨길 수 없다는 거 잘 알잖아

캄캄한 종이를 살살 긁다가
어둠 속에 드러나는 무지갯빛 문양이 갖고 싶어서
살짝 스치고, 일부러 스치고, 마구 스치는 사이
성탄절 카드는 온통 흠집 투성이
너와 나는 엉망이 된 카드 앞에서

우리는 서로에게 딱 이만큼이야

돌아서고 말지

스크래치 카드 속에서 보이지 않던 노래가 흘러나올 때
아무렇지 않게 헤어져 아무렇지도 않은 손이
내게 남은 카드를 집어 든다

과테렐라 에필로그
—과테말라에서 온 편지*

닭 울음소리가 날 깨워요 배가 약간 고프지만, 닭 수프를 주문한 건 아닌데 잘린 닭발이 톡톡, 계단 뛰어오르는 소리에 눈이 번쩍, 나는 유리 구두를 머리에 얹은 채 아침을 먹고 정원에 나가 춤을 춰요 아무도 내 맨발에 주목한 적 없구요

이곳에 온 뒤 술병과 본드, 할머니의 불안한 냄새는 다 비밀창고에 숨겼어요 밤 열두 시가 되면 창고 문이 덜컥 덜컥, 그래도 나는 절대 깨어나지 않아요 달빛에 반짝이는 유리 구두 내 이마에 떨어질 듯, 떨어질 듯, 나는 두 발을 시트로 돌돌 감은 채 잠을 삼켜요

커튼 사이로 어둠이 노란 알을 낳으면 몰래 그것을 품고 낮도, 밤도 아닌 시간을 길러요 비린내를 품은 깃털 간혹 가슴에서 꿈틀거리고, 나는 자꾸 일어서는 깃털을 속으로 마구 밀어 넣어요 웃자란 슬픔의 냄새 먼저 뛰쳐나가려 하지만 간신히 발을 걸어 넘어뜨려요

오늘도 나는 유리 구두를 머리에 얹고 맛있게 수프를 먹어

요 내가 키운 알을 그 속에 몰래 넣고 단숨에 삼켜요 몸 안에
서 살찐 깃털 하나가 또 솟아요

---

*과테말라에서 선교 중인 홍승의 신부의 소식지 '과테말라에서 온 편지' 속, 모티프와 '과테렐라' 차용

기울어지는 세계

나는 똑바로 서 있다고 서 있는데
몸이 한쪽으로 기울었다니
그게 또 조금 안심이 됩니다

흔들리지 않으려고
난간까지 잡았는데
한 발 내딛다 기우뚱,
그게 꼭 내 탓만은 아니라니

지구가 태양 쪽으로 비스듬히 기울어 있다는데
제가 기울지 않을 재간 있나요

그러고 보니 계절의 입구와 출구가
다 아귀가 맞진 않습니다
조금씩 어긋난 틈에서 나는 소리에 소심해졌었는데
다행입니다

당신이 나를 삐딱하게 본대도

이젠 아무렇지 않을 것 같아요
우린 모두 조금씩 기울어져 있다니까요
나는 오른쪽으로 10도 경사져 있습니다
당신은 왼쪽으로 조금 기울어져 있네요
다행입니다 다행이에요
누구도 기울어지지 않은 삶을 살 수 없다니

그냥 그렇게 살아야 한다니

안부

주문한 중고서적이 도착했다
봉투를 보니 구미에 있는
유림회관인이 박혀 있다
어제 받은 책에는 중고서적상 이름이
그전에 받은 책에는 개인 이름이
낯선 필체로 적혀 있었다
서울에서, 전주와 부산에서
먼 길 달려온 책을 열 때면
누군가의 내밀한 시간에
열쇠를 꽂는 느낌
나는 낯선 냄새를 훔치다
책의 어깨에 묻은 먼지를 털며
떠나보낸 책들의 안부를 묻는다
낯선 이의 방에서 불쑥,
보이지 않는 악수를 청할 그대들이여
오래전 내게서 떠났으나
아직 어느 곳에도
도착하지 못한 그대들이여

다만, 어디든 끝까지 살아있으라
좀먹다 석어지다 하잔히 남아*

*이병기 시 「고서」 중에서

감정껍질파이 클럽*

쓸모없거나, 잊혔거나
혹, 버리고 싶었던 낡은 것을 들고 나와요
오래된 것들은 대부분 일그러진 표정
첫인상을 기억하려 눈썹 찡그리지 말아요
두 무릎을 끌어안은 채, 서랍 속 깊은 곳을 들여다보는 동안
냄새는 추억을 일으켜 세우죠
절름거리는 추억의 겨드랑이에 두 팔을 끼우고 한 번쯤 HUG!
그리고 과감히 버리는 거예요
감정이란 비누 같은 것
슬픔도 미움도 뽀얀 거품을 물고 조금씩 사라지죠
은밀한 공간에 번지는 냄새
문을 열고 나오면 당신은 조금 더 닳아 있고

다른 누군가의 그것이 터무니없는 가격을 물고 나왔어도
의아해하지 말아요
마음에 얹힌 시간과 공간의 두께는
나와 저 별의 거리를 재는 것처럼 막막해지는 일

당신은 담담하게 기다리는 연습만 하면 돼요
누군가는 좀 더 낡은 것을 찾아 몇 번씩 당신 앞을 지나갈지 몰라요
'오래'라는 수레바퀴가 터덜거리며 우리 사이를 돌고 돌아요
풀풀 날리는 먼지 속에서 당신과 나의 슬픔, 생의 속옷**이 함께 휘날려요
벗었다 입었다 하는 동안 너덜거리는 실밥 매달고
광장을 천천히 걸어요
나는 당신의 속옷을 걸치고
당신은 나의 속옷을 걸치고
우리는 어느덧 오래 알아온 사람들처럼 서로를 향해 웃어요
같은 것을 팔고 싶어 한 곳에 나와 앉은 우리는
쪽이 떨어져 나간 한 권의 책일지도 몰라요

---

* 메리앤 셰퍼, 애니 배로우즈, 『건지 아일랜드 감자껍질파이 클럽』을 변용함.
** 김소연의 『마음사전』 중에서.

먹다 남은 열매는 어디에

우린 아직 잠에서 덜 깨어났는데

까꿍, 오래 묵은 안부가
손바닥에 떨어뜨린 죽음의 열매
우리는 부스스한 얼굴로 나눠 가졌지

이런 맛은 처음이야
쓰라린데, 달콤하고 개운한

가장 확실하면서 불확실한
내일을 껴입은 채 잠들었었는데

전광판 위를 흘러가는 망자는 어쩐지 낯선 사람

죽은 이의 펴지지 않는 다리는
흙 밖으로 나온 나무의 무릎을 닮았구나

아무도 그 차가운 옹이에 손을 대지 않았지

갈 곳 없는 사람들 온기가
삶의 겨드랑이를 빠져나갈 때
섞이는 죽음의 온도

망자의 발끝에 먹다 남은 열매를 몰래 묻었네
나무의 무릎이 펴지며 문은 닫히고

남아 있는 자들의 눈물이 나무뿌리에 가닿으려는
입춘 무렵이었어

사순절이 밟고 오는 삼월의 계단 열리면
피 묻은 양들 발자국이 하늘에 뭉게뭉게
꽃들의 뒤통수엔 미처 썩지 못한 열매가 대롱대롱

망각*

기억의 주름을 열었다 접을 때마다
너는 조금씩 휘발된다
낮은 목소리로 내 안을 포복하는 그림자를
나는 어떻게 꺼낼 수 있나

비는 내리고
떨어지는 꽃잎에 손을 대면 네가 젖는다

모두 뛰어가는데 저기 걸어가는 여자, 손에 든 책이 젖네
책갈피 사이로, 빗줄기 사이로 흘러내리는 목소리

젖었다 말랐다를 반복하는 책의 표정은
파도를 놓쳐버린 갯벌
소용돌이치는 시간 속으로 나도, 저 여자도
빨려들었다 한순간 던져진 것일까
심장을 떠내는 목소리를 목에 칭칭 감으면
아무도 모르게 나를 만날 수 있을 것 같아

내가 살아보지 못한 수억 년 전 빙하기에도
따뜻한 구멍을 가진 열대가 숨어 있었다는데
습기와 열기로 꿈틀대는 혼잣말들을
반도네온의 목구멍에 밀어넣을 때
낯선 몸에서
뼈를 쓰다듬는 듯한 목소리가 흘러

처음 태어나, 처음 죽어가는 것처럼
떠도는 기억을 밀어내고 홀로 건너는
망각의 강이 흘러, 나의 핏속으로
멈추지 않는 강이

---

*피아졸라 탱고 음악.

수족관

가방은 백화점 쇼윈도 속 가방을 들여다본다
외부는 유리창을 사이에 두고 외부와 부딪친다
텅 빈 내부는 또 다른 내부가 궁금하고
낯익은 알파벳 문자가 때론 닿을 수 없는 곳의 지명이 되지
조명은 수초처럼 흔들리며 흔들리는 가방 위로 내려앉는다

좀체 흔들리지 않는 VIP룸은 우아해,
특급 사료로 더 통통해지고 윤기 나는 컬러를 선물한다

어두워지는 가방 내부엔 그림자 여럿
소리 없이 웅성거리는 그들에게 바깥은 불안
지켜보는 눈동자와 마주치지 않으려고
밑에서 위로, 위에서 아래로
꼬리를 흔들며 에스컬레이터를 유영하는 어류들

가시 돋친 비늘들 스치듯 헤엄치며
다른 가방의 어깨를 건드린다

불길한 오후다
집에 있는 글라스 캣 피쉬 따위는 진작 내다 버렸어야 했는데
조명에 비친 물고기의 투명한 뼈,
그 가지런한 규칙들을 볼 때마다 부숴버리고 싶었거든

여자는 재빨리 수족관을 빠져나와 빗속을 걷기 시작한다
누군가 수족관 밖에서 빛나는 어류를 발견하고 뒤쫓아간다

수상한 가게들

봄내 풍기는 나래 미용실 간다
어라, 가게 앞에 쌓여 있는 페인트 통
거울 속에는 숏컷의 여자가
흩어진 건축자재를 훔쳐보고

고개를 갸우뚱거리며 옆 건물의 나들가게로
두부와 계란 한 판 사러 간다
상큼한 로고와 지붕은 그대로인데
안에선 화로에 삼겹살 구워지고
앞치마를 두른 남자의 얼굴에선 숯불 냄새가 난다

피아노 건반이 프린팅 된 유리문 안에서
손장갑 가득 든 포장박스, 자꾸 밀려 나오고
오래전 이곳이 문방구였음을 알려주는
색바래고 찢긴 간판 이마에 매단 채
다육이 홀로 무섭게 번지는 화원

가게들은 자신의 이름이 미덥지 못했을까

형식이 내용을 버리고, 내용이 형식을 배반하는 골목 안
허공에 매달린 나의 이력과
누적된 불안이 웅크린 가게 앞을 지난다

변신하기 좋은 날이군

골목 끝에서 부유하던 바람이 방향을 튼다

부추

부추를 살 때마다 신중하지 못한 것에 대해 반성하지

머리를 가지런히 맞대고
살을 부비며 누워 있는 저들을 보면서
형제도 없고, 이웃도 없는 내가
거창한 연대 속으로 비집고 들어가지 못하는
당위와 변명을 세찬 물살에 흘려보낼 때

모두가 새파란데 안쪽을 살피면
서넛은 꼭 끼어 있는 누렇게 뜬 얼굴
자신에 대한 의심을 거두지 못한 자들의 낯빛은
이웃을 오염시킨다

시든 것을 물에 담그면 싱싱해진다는 건 몇 프로의 확률일까
변해버린 낯빛은 쉽게 회복되지 않고
정답을 기다리는 동안
시들어버리는 질문들

동색이지만 함께 묶일 수 없는 부추를 한 다발로
묶어버린 손은 어디에서 쉬고 있나

부추 속에는 부추였던 내가 있다
부추이길 포기한 내가 있다
부추가 되지 못하고 슬그머니 빠져나오는 내가 있다

이만큼 도망쳐 와서야
나와 무관한 것은 무관한 것, 중얼거리며 일어설 때
그건 아니잖아?
와르르 쏟아지는 부추, 부추들

미역귀

물결이 나를 스치고 지날 때마다 한 겹 한 겹, 꽃을 접었습니다
내가 미처 붙잡지 못한 말들 그때마다 꿈틀, 피어올랐지만

꽃을 접는 일은 내 안에 미로를 만드는 일
그러므로 귀 뒤에 꽃을 꽂는 것은
미로의 입구를 알려주는 힌트일지 모릅니다

마음은 식물성인지, 동물성인지 줄 긋는 시간
새의 그림자가 꽃을 훔쳐 달아납니다
저 새는 언제 내 꽃을 보았을까요
나는 언제 당신에게 들킨 겁니까

태양의 시선을 따라 몸을 뒤척일 때마다
오래된 꽃은 무더기무더기 주름으로 번져갑니다
당신은 울렁거리는 말들을 접힌 주름마다 꽂아놓고
다시 날개를 폅니다
날개를 가진 것이 다 새일 수 없듯

당신은 어쩌면 당신이 아닐 수도 있겠습니다

내 귀는 단지 당신의 말을 듣기 위해 피어난
꽃이었을지도 모를 일

당신이 서쪽으로 날아가고 난 뒤
나는 귀 하나를 떼어 물 위에 던집니다
주름마다 고였던 말들이 죄다 풀어져
껍데기뿐인 귀가 멀미하듯
울컥울컥, 시퍼런 거품을 토해냅니다

양배추

꼬깃꼬깃 접힌 그녀의 내부를 들쳐본다
물에 젖어 착 달라붙은 책장을 떼어내듯
조심조심, 울먹이는 뺨을 만진다

쉽게 터져 나오는 웃음과 눈물이 두려운 자는
자신의 살과 피로 고치를 만들지
스스로 안과 밖이 되어 겹겹이 여며지던 그녀의 방

공의 내부를 채우고 있는 것이 누구의 입김인지 모르듯
점차 공을 닮아가는 그녀의 불안은 터질 듯 팽팽하다

밑동 속에 단단히 박힌 심을 도려내자
중심을 잃은 그녀는 표지를 잃은 책처럼 너덜거린다
자신의 공허를 견딜 수 있는 건 표정을 갖지 못한 사물들뿐,
그녀의 창백한 내부가 드러난다
한 번도 바깥을 경험하지 못한
치밀한 고독이 환한 조명 아래 깊숙이 배인다

제2부

숨

숲속으로
사양(斜陽)이 고개를 들이미는 오후
잎 하나
나무에게서 제 몸 내려놓는다

빛이 그물을 펼쳐놓은
적요(寂寥)의 시간

나뭇잎은
나비의 무게로 포획된다

저 나뭇잎은 지금
온몸으로 날숨을 뱉어내고 있는 중

숲의 고요를 응축시키는 소요(騷擾)가 끓는다

사원의 불빛

봄에 피는 꽃들 속에, 눈송이들 속에, 날마다 찾아오는
저녁들 속에 다 쓴 음료수 병에 네가 꽂은 양초불꽃들이
—한강 〈소년이 온다〉 중에서

8월은 더운 손바닥에서 빚어지는 제단이다
가지마다 꽃피워 제(祭) 올리는 배롱나무

극락전을 만나지 않았다면
분명 배롱나무 색(色)만을 탐했을 것이다
극락전을 만나
내가 알지 못하는 어떤 영혼을 떠올렸고
내 영혼의 빛깔을 가끔씩 궁금해 한 것처럼
이름 모를 영혼의 빛깔에 대해 잠시 생각하게 된 것

엄마 젖을 몇 번 물지도 못하고 떨어져 내리던 꽃잎
자궁이 오그라들며 통증이 몰려온다

꽃의 생이 너무 친숙해져 무서운 나날들
터무니없이 부족한 촛불들
배롱나무 등허리마다

누군가 밤새 울고 간 흔적

절 마당에서 꽃숭어리 파도가 친다

우리의 생은 누군가에게 발설되는 동안
이미 아픈 전생
가볍게 떨어지는 저 꽃잎들 때문에
촛불은 배롱나무 뿌리를 살찌우는가

어느 영혼이 극락전에 들어
물결나비와 노니는지
새벽 사원 붉다

물고기 무덤

피가 도는 것들은 무덤을 갖지 못합니다

때로는 투명한 것이 더 무서워 허우적대는 날들 있고

그럴 때면 피는 더욱 뜨거워지지만

갇힌 물속에서 끓는 피는 무슨 소용입니까

얼음 밑에서 더 명랑한 산천어 등에
검은 눈물 흩뿌려놓고 사라진 이를 쫓는 것은
어느 누구의 계절도 아닌 것을

끓는 피의 소용없음이 그들을 지치게 했지요

산천어의 들숨과 날숨이
물의 무덤을 엽니다 그것은
갇혀 있는 자들의 유일한 통로

얼음 밑에서 물고기 무덤 부글부글 피어납니다

스스로의 몸으로 올리는 최후의 향연에
달려드는 악취 소란스럽고

벚꽃잎이 분홍을 물고 떨어지듯
부푼 살점을 안고 떨어져 나가는 비늘들

남쪽에 있던 버들 무덤*이 산천어를 마중 갑니다

*낙동강변 칠곡보 인근 버들 군락지. 4대강 사업 이후 물에 잠겨 모두 죽고, 녹조현상까지 생겨 죽음의 강이 되어가고 있다.

클로버의 질주

보는 것만으로도 귓가에 자욱이 몰려드는
소리의 몸

가령, TV 속 먼지를 일으키며 달리는 말들과
슬레이트 지붕 위로 쏟아지는 빗줄기를 볼 때, 혹은
코로나, 클로버, 마라톤, 로얄* 등의 이름표를 볼 때

새벽안개를 갈기에 묻힌 채 말들, 문장의 트랙을 돈다
달리는 것은 말, 타자기, 젖은 운동화, 말굽, 글쇠, 손가락,
글쇠, 손가락……

질주하는 환멸

응고된 어둠을 두드리다 보면 멀겋게 풀어지는 얼굴 위로
새겨지는 문장들
누구의 것인지도 모를

어느새 말들은 사라지고

타자 용지 위에 찍힌 발자국으로 침묵의 시간을 잰다

속도를 벗어나려는 눈빛
충혈된 냄새를 포식하러 몰려오는 아침

교복에 매달린 빳빳한 칼라를 칼날이라 읽으며 건던 시간
운동장에 쏟아지던 백색 광선은 영혼에 쏟아지던 폭우

나는 지금 타자기를 추억하지 않는다
단지 말굽 소리를 떼어낼 수 없는 귀걸이인 양 단 채
타자기 위를 질주하던 손가락과 실습실 형광등
그 점멸의 눈빛을 기억할 뿐

---

*타자기 상표명

고통이 미각에 닿기까지

칼을 쥔 자와 지켜보는 자
난폭한 백열전구 밑
긴장이 흐르는 도마 위에
이 무대를 신선하게 빛내줄 내가 있다
이곳에서 싱싱함이란, 죽음의 에스컬레이터를 타는 일
아무도 예를 갖추지 않는 죽음 앞에서
횟집 남자는 염을 하듯 두어 번 내 몸의 물기를 걷어낸다

차디찬 도마에 누워 바라보는 시선들이란
뚝, 뚝, 물기처럼 떨어지는 식욕과
조급해진 칼날의 눈빛 같은 것

끈질기게 쫓아온 여자의 시선에
불안하게 반짝거리는 비늘
바다를 떠날 때부터 나는 이미 빛을 놓친 것이지만
한 줄기 위안처럼 더 선명히 떠오르는 푸른빛의 황홀함
옷자락을 끌며 아련히 사라지는 빛이여
나는 아주 천천히, 저편으로 건너가려 한다

누군가의 혀에 닿을 때까지
스스로의 죽음을 바라보도록 오랫동안 눈뜨는 법을 배웠던 기억
나를 휘감았던 빛을 떠올리며 깊은 숨을 몰아쉰다
당신의 혀가 극에 달한 마지막 숨결을 맛본다

모든 미각은 고통의 눈을 감기고서야 눈을 뜬다

나무의 자궁

집 앞 벚나무가 오늘도
정수리 뾰족한 아이들을 낳았다
잎사귀뿐만 아니라 꽃도, 열매도
심지어 새들까지 낳는,
출산을 멈추지 않는 저 싱싱한 자궁

나무가 어느 날은 또 도마를 낳았지
목숨의 빛깔과 냄새는 늘 새로워
도마는 다른 살점을 맛보는 동안
자신의 생살도 내주어야 하는
우로보로스*의 고리에 목이 꿰인다

젖은 도마가 가끔 볕 위에서 몸을 말릴 때
숲 깊은 곳에 누워 있던 바람 달려온다
나이테를 박음질하는 빗소리 들려오고
한 그루 나무로 빗물을 받아먹던 기억 팽팽해진다

배고픔이 어미를 부르는 소리에

우묵한 곳에 머리를 파묻고 싶어지는 날것들
어둑하니 깊어지는 몸속으로
자신의 살과 냄새를 밀어 넣는다
잘게 부서지고 으깨져 스며든다면
나무의 자궁 속으로 회귀할 수 있을까
건조했던 도마에 다시 물기가 돈다

---

*그리스어로 '꼬리를 삼키는 자'란 뜻으로 불교에선 윤회를 의미. 바퀴처럼 끝없이 회전하는 원형적 이미지로, 영원성을 의미한다.

경실(硬實)*

누구나 활짝 핀 꽃을 생각할 때
졸음에 겨운 너도 있다는 걸 기억해

어느 곳에선 칠백 년 된 잠을
어느 곳에선 이천 년 묵은 잠을 들추며
사람들은 연꽃 분홍 뺨을 바람에 내주었지만
그 옛날 굳을 대로 굳어 딱딱해진 시간
그 속내를 알게 뭐람

껍질 속에서 잠을 키우는 씨앗
그 잠 속에 자라는 것도 이쪽 세상인지

이곳의 꽃들은 다 무사하려고 해
햇빛 아래 모두 원색주의자가 되려 해
비를 맞으며 분열하려고 해
간혹 어떤 것은
처음 만난 세계 앞에서
발이 부르튼 뿌리를 생각하지

그것은 아주 잠깐의 눈부심

오래된 것들은 대부분 흙투성이 맨발로 오지
그들에게 자전거를 선물하면 뭐한담
바깥은 온통 외발자전거
나는 두발자전거도 못 타는데
넘어지려다, 기어코 넘어져

헤어지기 전 네게만 알려주는 비밀이야
이쪽 세상으로 건너오는 법

---

*종피가 단단하여 발아가 어려운 종자로 식물이 나타내는 휴면 현상의 하나. 종피에 인위적인 상처를 내어 발아를 촉진하기도 한다.

수백 개의 지문을 지닌
—유리인간증후군

오늘도 유리들은 소리 없이 나의 지문을 훔친다
나의 이력은 조금씩 벗겨져 그들의 기억에 쌓이기 시작한다
한 곳을 오래 서성이는 자,
감정의 파문이 넓은 자,
나는 아무도 들여다보지 않는 어둠 속에서 홀로 소용돌이 친다

유리가 나를 훔치는 동안 내 몸에 번식하던 균열
단단해지고 싶다는 욕망이 나를 비추는 순간
나는 한 장의 소음으로 바닥에 눕는다
나의 귀를 밟고, 입술을 뭉개며 태연히 지나가는 사람들

문이 열리며 부서진 내가 건물 안으로 빨려든다
나는 사람들 옷자락에, 핸드백에, 머리카락에 조용히 들러 붙는다
쇼윈도에 자신의 모습을 비춰보다가 유리 조각을 발견하고 흠칫 놀라는 사람들
나는 수백 개의 지문을 지닌 채 유령처럼 사람들 사이를 떠

돈다
처음의 나로 돌아갈 수 없다

문을 밀치며 밖으로 나오자 습관처럼 나를 훔치는 유리
나의 지문은 반사적으로 좀 더 딱딱해진다

화각(華角)*

잘린 뿔에는 '정신'이 없다
투쟁이라던가, 고집이라던가
하다못해 속물적 성(性)의 상징마저 잘려나가고
없다, 있다가 없는 것의 빈자리를 무엇으로 채울까

강한 외피 아래 흐르는 것은 쓸모없는 기름기거나 물기
제대로 거두지 못한 슬픔은 언제고 다시 뿔이 돋는다

허공을 장식할 수 있는 건 지상의 꽃과 나무와 새들
누군가 떠난 그곳에 오래도록 낙화 흩날리듯
투명한 뿔 뒤에 꽃을 그려 넣고
바라본다, 추억은 거울과도 같아
바라볼수록 또렷해지는 당신

채색(彩色)을 필요로 하는 당신의 감정
화려할수록 상처는 두텁게 감춰지고
각지에 설채(設彩)를 하고 나면
문득 환해지는 당신의 얼굴

예물함, 언약의 궤를 덮은 지붕 위로

오색단청 뿔들 날아오른다

---

*쇠뿔을 이용한 우리나라 고유의 각질 공예 중 하나. 투명도가 높은 부위를 종잇장처럼 펴서 각지를 만든 다음, 뒷면에 갖은 문양을 그려 넣고 단청으로 채색하여 목기물 백골 표면에 붙여 장식하는 것.

속죄양

초록 자욱한 들에 웅덩이처럼 누워 있는 흑염소를 뛰어넘어 우리는 고모 집 마당에 도착했지

집 안에 들어서려면 말뚝에 박힌 흑염소를 한 번 더 통과해야 했는데 가로로 쭉 찢어진 염소 눈이 한 번씩 깜박일 때마다 고무줄넘기를 해야 그 윤기 나는 어둠 속으로 뛰어들 수 있었어

염소 뱃속에는 풀을 방목하는 고모와 그녀의 오래된 기도를 듣느라 한쪽 귀가 삭아가는 커다란 나무 십자가, 검고 추레한 성경이 누워 있었는데

말없이 풀만 잡아 뜯던 엄마는 혼자서 왔던 길을 돌아가고, 고모는 내내 흑염소 똥만 구슬 줍듯 하고, 나는 염소 눈을 좇아 빛과 어둠 사이를 폴짝폴짝 넘어 다녔는데

그날따라 사탄의 색인 505 털실로 짠 빨간 원피스와 빨간 구두를 신은 나는 고모의 기도 속에서 활활 불타오를 것만 같아 오금이 저렸었지

염소 뱃속에서 하루나 이틀 뒹굴면 다시 찾아오는 엄마, 내 손을 잡아끌며

뒤돌아보지 마, 염소가 자기 가죽을 홀러덩 뒤집어씌워서 널 데려갈지도 몰라

종종걸음 치다 보면 어느새 엄마 손에 들려 있는 염소젖과 달걀 몇 개

엄마는 집에 오자마자 의식을 치르듯 양은냄비에 데운 염소젖을 손가락으로 휘휘 저어 날계란 하나와 함께 내게 먹이곤 했어 그 비릿한 맛에 손을 내저으면서도 나는 왠지 도망갈 생각을 하지 못했지 다만 네 발 묶인 짐승처럼 타다 만 불 냄새와 미지근한 젖 냄새 속에서 눈물을 찔끔거렸어 방바닥에 모로 누워 있다 보면 어느새 나는 누군가의 주문 같은 기도 속으로 혼곤히 빠져들곤 했는데 흑염소가 눈을 껌벅거릴 때마다 나는 어디론가 사라졌다 이 세상에 떨어지고, 또 떨어지곤 하는 것이었어

죄는 왜 지워져야 하나

죄를 하나 그리고
예쁘게 색칠한다

마음에 들지 않는다

좀 더 큰 죄를 그리고
거친 터치로 색을 입힌다
죄가 조금 더 아름다워진다

죄의 크기에 알맞은 이 색감을
누구와 나눠 가질까
너는 순결한 양이 되고 싶어 하는데

터무니없이 큰 죄를 하나 그려 한입 베어 문다

구름이 가늘게 찢어지는 것을 보면
이제껏 그려온 죄를 갈기갈기 찢어
신부님께 꽃다발로 내밀고 싶어진다

한 다발 사과꽃 향기

저녁이 되면 왜 하루의 죄를 고백하고 싶어지는 거지?
기다려도 성당의 종은 언제부턴가 울리지 않는다

추락하기 위해 달려온 햇살이 도시의 뒷골목을 향해 무릎 끓고 운다

내 탓이요, 내 탓이요

아니, 아니에요
지우개를 던져주지 못한 내가 잘못이에요
지우개 없이 태어난 내 탓이에요

죄는 왜 지워져야 하나

지워지지 않는 피로 누군가 오늘의 그림을 완성한다

마디의 탄생

만년필형 볼펜을 잡을 때마다 미끄러져
손마디 닿는 곳에 반창고 붙여주었다
우묵한 손가락을 채우는 반창고의 두께
어쩌면 우물의 어둠을 메울 수 있는 건
한 줄기 빛으로 충분할지 몰라

마디에서 솟아난 새순인 듯
새살 돋은 볼펜 우듬지에선 어떤 꽃이 피려나

친족이 죽으면 자신의 손마디 끊어낸다는 어느 부족의 여인들
슬픔을 태우는 촛불의 얼굴이 되어갈 때
지구 반대편에선 쇠붙이에 속절없이 잘려나간 손마디들
어느 구석에선가 훌쩍거리고 있을지도 몰라
마디 잃은 손끝에서 피는 꽃은 무슨 빛깔인가

문득 밤하늘 올려다보니 거기
길 잃은 마디들 운구 행렬처럼 흘러가고

이 땅 어디선가 시고 떫은 열매 하나
졸린 눈 비비며 깨어날 때
새로운 지상의 마디는 그렇게 태어나는 것일지도 몰라

어둠에 미끄러지지 말라고
새순처럼 매일 돋아나는,
저 하늘에 걸린 마디들에 손을 뻗으며

시계와 침대 사이의 자화상*

커튼 뒤, 누군가 나를 쏘아보는 눈빛
놀라 몸을 일으킨다
시계는 새벽 다섯 시부터 흘러내려
침대에 간신히 턱을 걸치고 있다

바닥에 흩어진 옷가지를 주워 들자
시계의 초침과 분침, 동시에 떨어진다
지난밤 기억들 내가 잠든 사이
누군가에게 끌려갔다 아니, 갔다?
자발적인 실종과 타의를
더듬는 동안에도 흘러내리는 시계
아아 지금 이 방 안에는
오직 시계만이 있지 않으냐**
나는 다시 침대에 주저앉는다

갓 베어낸 나무 향이 그녀 머리카락에
고이는 것을 보았다
아니, 나무 쓰러지는 소리를 들었나?

나는 쓰러진 나무를 일으켜 세우듯
기억의 겨드랑이를 힘겹게 끌어올리다
다시 주저앉는다

사각의 침대, 침대는 직사각형이다
방도, 덜컹거리는 저 문도 사각이다
나는 밤새 네모난 상자에 갇혀 뒤척였던 것
그런데 어떻게 기억은 나를 두고
저 겹겹의 상자를 빠져나갔을까

문 밖에는 또 다른 시계가 딱딱한 얼굴로
정면을 응시하고 있다
나는 침대에 남은 시계의 뒤통수를 만지다
일어서 문 밖의 시계에게로 건너간다
뭉클거리던 바닥이
걸어가는 동안 딱딱하게 굳어가고
침대도, 나도 서서히 굳어간다
시계들이 때를 맞춰

초침과 분침의 어깨를 걸고 앞으로 걸어간다
시간은 바닥에 흘려진 나를
걸레질하듯 훔쳐내며 밖으로 사라진다

---

*뭉크 그림 제목.
**김수영 「방 안에서 익어가는 설움」 변용.

아무 일도 일어나지 않은 시간

건물 모퉁이를 도는 순간 몸이 한쪽으로 확 쏠렸다 누가 발이라도 걸었나 두리번거려도 시치미 떼는 바닥, 이내 돌아서려다 벽 쪽에 바짝 붙어 선 비둘기와 눈이 마주쳤다 돌조각 같은 눈빛에 찔리며 다가서도 새의 날개에선 울음이 나지 않았다 가는 발목에 매달린 길의 냄새만이 놈을 질질 끌고 뒤로 물러설 뿐. '덩어리일 뿐인 몸', 그러자 흙 한 덩이를 손에 쥔 듯한 느낌 새에게서 내게 전해졌다 아니, 나에게서 새에게로 건너간 걸까

우리는 서로 한 발짝 가까이 갔다, 다시 한 발짝 멀어지며 그곳에 함께 있었다 서로의 눈빛에 걸려 넘어진 스스로를 들여다보는 사이 아주 잠깐, 나는 새가 되었는지도 모르겠다 새는 처음부터 새였다가, 결국 새인 걸까 흔들리는 눈동자 속에 자신의 그림자를 묻고 돌아설 때까지 새에겐 아무 일도 일어나지 않았다 나에게도 아무 일 없었다 다만, 우리들 사이로 어두운 흙덩이가 검은 눈처럼 오랫동안 부서져 내렸을 뿐

내가 키우는 것

남편은 구피를 비롯한 몇몇 물고기를 키운다
퇴근 후면 먹이부터 주기 바쁘고
물 상태를 점검하고 놈들의 하루 안부를 묻는다
물고기와의 대화에 열중하느라
식사하라는 말도 건성 듣는다
나는 구피를 키우지 않는다
하루에도 몇 번씩 그 앞을 지나면서도
밥도 안 주고, 물이 얼마나 줄었는지
죽은 놈은 없는지 들여다보지 않는다
나는 구피를 키우지 않는다
그들의 움직임을, 어항의 물빛을, 그들의 배고픔을
물속에서 벌어지는 싸움과
간헐적인 죽음을 들여다보지 않는다
나는 구피를 키우지 않는다
남편이 곧 올 것이다
나는 그의 밥상만 차리면 된다
구피는 남편이 키운다
막 퇴근한 그가 나무젓가락으로 둥둥 떠다니던 놈을 건져

내고
어제 받아놓은 물을 더 부어준다
물비린내가 식탁 앞까지 훅 끼친다
우리 집에서
나는 구피를 키우지 않는다
구피는 남편이 키운다
우리가 식사하는 동안 TV에서
이미 죽었거나 죽어가는 사람들의 이야기가 흘러나오고
구피는 빼끔거리며 뉴스를 삼키고
우리는 계속 밥을 먹는다
남편은 구피를 키우고
나는 구피를 키우지 않는다

나를 부르던 소리는 모두 허공에 걸려 있다

길을 걷는데 누군가 나를 부른다
고개를 돌리면 빗물처럼 떨어지는 새의 울음
전봇대며 우듬지를 샅샅이 훑어도
새는 좀체 얼굴을 보여주지 않는다
나는 한자리에서 오래 허공을 뒤적인다

새가 자꾸 곁을 기웃거리는 건
누군가의 영혼이 주변을 서성이는 것이란 말에
비틀거린 적 있다

누가,
저 허공에서 나를 부른다는 것인가

순간, 나는 얼굴도 보지 못한 할아버지와
젊은 나이에 죽은 외삼촌, 나와 동갑내기인
소식조차 모르는 그의 아들을 떠올리며
흐려지는 눈으로 주변을 더듬어본다

나와 연(緣)은 있으나
진작 사라져버린 목소리들
모두 저 허공에 걸려 있는 것일까

숨탄것들 불현듯 그리워지는 시간
나무들이 서쪽으로 기울어지자
울음이 저 먼 나뭇가지로 우르르 몰려간다

0이라는 제물

운석우가 쏟아지던 밤
당신에게 바친 눈물이 되돌아오고 있음을 알았습니다

작고 투명한 원 속에 우리가 떨어트린 꽃잎들 소용돌이칩니다
우주를 떠돌다 귀향하는 꽃잎들의 낯빛은 투명합니다

당신은 초점도 없이 원을 돕니다
우리는 서로에게 닿기 위한 한 점이 될 수 있을까요
시간은 당신 따라 돌고, 당신은 나에게서 멈춰 있습니다

모두가 줄지어 선 가운데, 빈자리는 늘 모호합니다
무엇으로든 채운다는 것은 성급한 친절이지만
나는 0을 하나 줍습니다
세워진 0은 불안합니다
0 옆에 0을 세워봅니다
가장 작은 것으로도 내가 흔들리지 않았으면 좋겠습니다
밤은 무한한 0으로 꽉 찹니다

나는 어둠 속을 한없이 달려가지만
소실점처럼 단지 작아지고 싶을 뿐입니다

운석우는 상상했던 것보다 너무 컸습니다
당신의 부재(不在)가 쏟아져내려 세상은 온통 구멍이 났습니다
0들 사이로 눈물이 휘발되고 있습니다
0은 0에게로 귀환하는 중입니다
한번 바쳐진 제물은 돌려지지 않습니다

물결나비무늬

엄마, 여기
바닷속에도 흙이 있나 봐요
나 어릴 적 흙장난한다고 혼내던 기억이 나서
엄마가 내게 준 깨끗한 심장으로
집에 돌아가고 싶어서
매일 바닷물에 가슴을 씻어요

가슴은 씻을 때마다 닳아요
자꾸 힘없이 파여요
패인 틈 사이로 이름도 모르는 해초들이 달라붙어요
얘들도 외롭고 무서웠나 봐요
이름을 몰라도 꽉 부둥켜안고 있으면
따뜻해져요
차가워진 심장에 다시 피가 도는 느낌
엄마한테는 따뜻한 가슴으로 안기고 싶었는데
엄마의 가슴이 차갑게 내려앉을까 봐 겁이 나요

하느님은 내게 엄마 대신 둥지를 지어주려는 걸까

해초들이 나를 점점 둘러싸요
고치 속에 들어앉은 것처럼 아늑해져요
점점 눈을 뜨기가 싫어져
이대로 있다가 눈을 뜨면 엄마 어깨 위를 날아오르는
나비가 되는 걸까요
이대로 기다리면 되는 걸까요

엄마 봄이 오면 떨지 마세요
봄은 내내 따뜻한 것이 아니라
점점 따뜻해지는 거예요
한겨울 추위로부터 점점, 점점이 멀어지는 거예요
나도 멀리서 천천히 날아가고 있으니
엄마, 우리 멀어지기로 해요
이 추운 슬픔으로부터 점점

오이지

수난의 증표로 십자가를 떠올리는 건 구태다
뜨거운 소금물 수장은 신도 피하고 싶은 수난일 터,
공포를 앞에 두고 나는
소름을 가시로 위장한다

저 뜨거운 물은 불이 흘리는 홍건한 땀
타는 물속에 온몸 던지면
불씨 하나 얻을 수 있으려나
뱃속 어린것들은
불의 씨앗으로 변할 수 있으려나
나는 어디쯤에서 내 몸을 들여다볼 수 있을까

부글거리는 주저(躊躇)를 안고
왈칵 뛰어든 소금물

죽음은 짜디짠 고요다
죽음은 짜디짠 평화다
죽음은 늙은 부활이다

제3부

환승

꽃의 하루를 따라가다 보면
개화와 낙화를 한날 만날 수도 있어
그것을 꽃의 일출과 일몰이라 불러도 될까

한 계절 꽃의 마당 그 어느 곳에 서 있든
나는 꽃의 바깥

꽃 누운 자리에 흩어진 노란 재에서 유황냄새가 난다

가쁜 숨결 뱉으며 월경하는 꽃, 등에 업혀
붉고 매캐한 터널을 통과한다

월아천(月牙泉)*

달의 입에서 떨어져 나온 어금니가
처음 사막을 맛본 것이다

활짝 열린 문 앞에서
불현듯 돋는 소름 삼키듯
한 번의 긴 호흡, 자글거리는 환영

입에서 입으로 건너가던 뜨거움은
뻘 같은 모래 속으로 사라지고
들리지 않는 울음을
소멸의 자세로 껴안아도 되는 걸까

지상의 누군가는
한 번쯤 월첨(月尖)에 가슴을 베였으리
찢긴 살 속으로
늘지도 줄지도 않는 슬픔 드나들고

낯선 아름다움의 거처에는

쓰라린 배음(背音)이 고여 있어

바람도 지우지 못하고
명사산 모래로도 다 덮지 못하는
에메랄드빛, 저 고요한 슬픔의 경계

---

*중국 간쑤성 돈황 명사산 안에 있는 초승달 모양의 호수.

새장

눈앞에서 사라진 것은 정말 사라진 것일까

보이지 않는 것들을 생각하며
그릇을 씻는다

아버지는 중학교 졸업식 이후로 보이지 않았다

빗물 같은 글씨가
굴러가는 공 같은,
구부러진 못을 닮은 글씨가
하루 종일, 벽 앞에 벌을 선다

한 살 밑의 여동생은 돌 무렵 지상에서 사라졌다

어제는 색동 깃을 가진 새 한 마리를 만들었다
새가 만들어지는 동안
만들지 않은 새장이 생겨났다
새는 테이블 위에 놓여 있고

새장은 할 일이 없다
나는 날아가지 않는 새를 한 마리 가졌을 뿐이다

이십 대에 만난 애인은 키스만 하고 헤어졌다

동백이 심겨 있는 토분은 불 밝힌 방들로 빽빽하다
어느 골목으로 들어가야 애인을 만날까
애인의 얼굴을 한 번도 본 적 없다

보이지 않는 것들을 생각하며
보이는 것들에 탐닉한 계절이었다
손끝에서 자꾸만 하나씩 무언가 생겨났고
보이지 않는 것들이 새장 속으로 들어갔다
손끝에서 낯선 냄새가 났지만
생각해보니 오래전부터 나의 것이었다
새장 문을 닫지 않았다

우두커니

처음엔 잃었다고 생각했지요
그렇게 믿었습니다
손을 꼭 잡고 걷다가 그만 인파 속에서
놓쳐버린 것이라고
시간이 한참 흐른 후에야
버린 것을 알았습니다
엄마는 걸핏하면 잃어버렸다고 하네요
잃었다고도 할 수 있고
버렸다고도 할 수 있는
썩은 내 나는 웃음
버린 것을 감출 수 있는 잃어버렸다는 말의 가면
어제는 참기름을 어디에 두었냐고 물어봐도
오늘이 며칠이냐고 물어봐도 잃어버렸다고……
잃어버렸다는 것을 잊고 산 세월에 덮이는 이끼
아무도 들추어보지 않는데
창밖이 더 두터워지는 걸 보면서 우두커니
엄마를

밥

밥이 먹고 싶었나 보네
밥통 앞에서 죽은 걸 보니

한 달 만에야 누나들에 의해 발견된 오십 대 사내는 밥통 앞에 쓰러져 있었다. 요양원에 있던 팔순의 노모 쫓아와 부들거리는 손으로 열어본 밥통 속, 곰팡이꽃 가득한 한 그릇 무덤, 썩어버린 밥알들 손으로 짓뭉개며 어머니 당신 눈물로 한소끔 끓여내신다

저녁을 먹는다는 말

저녁은 대체 무슨 맛인가
붉은 구름의 맛인가, 오렌지 잼의 맛인가
저녁을 생각하면 늘 속이 아리고,
느린 걸음으로 오는 이내*는 조금쯤 서러워
난 한 번도 떠먹을 생각 하지 못했네
살찐 저녁은 떠오르는 달의 맛이었을까
난 한 번도 수저를 못 들었는데
저녁은 대체 무슨 맛인가

어둠이 발등에 내려앉을 때까지
달고나를 먹을 때처럼
조금씩 빛을 떼어먹던 기억
부스러지지 않게, 금 가지 않게
엄마가 올 때까지 아주 천천히

엄마의 저녁은 아스라이 멀기만 해
나는 눈과 귀가 고프고
내가 맛보지 못한 저녁은

모두 어디에 모여 있나
엄마가 불러내지 못한 저녁은
모두 어디에서 졸고 있나

설움과 기다림 조물조물 무쳐진
저녁을 먹는다는 말

오늘 난 오래된 엄마와 저녁을 먹는다

---

*해 질 무렵 멀리 보이는 푸르스름하고 흐릿한 기운.

나무 토르소

한참을 그 앞에 서 있었다
질문을 든 채 집에 오긴 싫었으니까

푸른 눈빛은 어디에서 잃어버렸는지
부드러우면서 강한 손목들은
다 어디로 유배 간 것인지
어찌하여 사슬에 묶인 몸통만으로
거리에 떠도는 질문을 다 받아내고 있는 거냐고

빌라 입구를 들어서다
시멘트에 하지가 묶인 그의 몸을 본다
손을 내밀던 빗물조차 튕겨 나갈 듯,
지상과 지하의 경계에서 붙잡힌 몸
더 이상 그에게 수평의 보폭은 없다
외길처럼 뻗은 수직의 자세에선
비틀리고 갈라진 자해의 흔적만 남아

햇살을 받으면 꿈틀거리는 죽음

그림자도 환상통을 앓는 듯, 더 어둑해지고

잃어버린 것들을 추억하는 몸이란
통증을 유목하는 디아스포라들
그에게 땅 위의 정박(碇泊)이 아닌
결박(結縛)을 선고한 것은 누구의 손인가

지상의 삶을 까마득히 모르는 채
파르르 물결치는 뿌리들

한 번도 표정을 갖지 못한 얼굴 떠올리며
한 번도 꾸지 않았던 꿈에서 깨어난 듯
부르르 몸을 떠는 나무, 토르소

너는 쏙새였다가, 냥이였다가

이름을 잘못 부르면 네가 영영 돌아오지 못할 것 같아서

쏙새, 곤줄박이, 동고비를 부른다

아침은 햇살 속에 시들어가고
골목 사냥꾼 홍이, 냥이, 마르코를 부른다
내가 불러낸 것들은 어쩐지 저물어가는 표정

너를 부르면 너는 내가 알던 네가 아닐 것만 같아서

냉동실 문을 연 채 만두, 초콜릿, 돈가스 사이에
너의 이름을 끼워 넣는다

어쩌다 입김만으로 불러보는 너는
성에를 뒤집어쓴 채 더 깊숙이 걸어 들어가고

가끔씩 얼어붙은 안부가 말을 걸 때까지
너의 이름을 두 손에 쥔 채

향기의 내력

구름꽃이 하늘에 무리 지어 피어 있다
손을 내밀면 한 다발쯤 잡힐 것도 같은데

식탁 위에도 꽃은 만발하다
손에 잡히는 것과 잡을 수 없는 것들 사이로 흐르는
향기 속 슬픔의 맥박 만져진다

한때 너라고 믿었던 향기는
내가 너에게로 건너가는 동안의 가쁜 숨결이었던 것

구름 얼굴을 가진 기억들 느릿느릿 흘러가고
오래전 말라버린 향기 머릿속에서 바스락거린다
내가 한없이 너에게 젖어들고, 너도 그렇게
내게로 스미는 중이라 믿었던 어느 오후가

허공 속으로 건조해진 손을 내밀어본다
향기의 머리카락 한 줌, 손에 잡힐 듯 미끄러지고
화병 속 꽃잎들 전전히 구름꽃 속으로 건너간다

폐사지에서

적요(寂寥)가 아침 햇살 속에 몸을 떨었죠

젖은 풀들과 늙은 느티나무
텅 빈 하늘이 내려다보는 곳에 그물 쳐놓고
그는 나를 기다렸나 봅니다
벌거벗은 채 크고 작은 돌들 어루만지는 그 얼굴에
일렁이는 미소, 아득하네요

제 몸에 오래도록 연꽃 품어온 돌들
고요히 누워 있는 걸 보면서
누군가를 가슴에 묻는 일은
몸이 몸을 기억하는 일보다는
짧은 시간일지 모른다고 생각했지요
이 몸은 언젠가 나를 스쳐 간
당신의 살을 입고 있는지도 모를 일

잊힌다는 것은 아마도
돌이 돌에게로 가는 시간일 겁니다

돌 속의 꽃이 꽃에게 가는 시간일 겁니다

석탑에 매달렸던 풍경은 어디에서 울고 있는지

새 한 마리 그의 얼굴 속으로 날아들 때
천년 느티나무 새 가지 뻗어 나고
주저앉았던 돌담들이며 기둥들
먼지 풀썩이며 허리 펴는 그곳
폐사지엔 토끼풀들 풍경처럼 흔들리고

백일의 흔적

연못 가장자리가 붉었다
기울어진 그림자가 밤새 각혈이라도 한 것일까
핼쑥해진 이마를 바람이 한차례 쓸고 간 뒤
배롱나무는 헐거워진 허공을 간신히 붙들고 있었다

삼백 년을 걸어온 길
한결같이 한 곳에 닿고자 했으나
올 때마다 시나브로 바뀌던 빛
바람결에 몸을 포갠 것이 결국 마음의 길이었듯,
몸을 뒤틀 때마다 꿈틀대는 회한(悔恨)
내뱉듯 토하고 나면
그곳이 바로 닿으려 했던 그 자리
허공에 한 계절 꽃자리를 마련하는 것은
시간이 가르쳐준 버릇이겠으나
한 곳을 계속 찾는 연유의 끝자락은
당신에게 닿아 있음을
한 날로부터 백여 일에 이르기까지
꽃 피고 지고,

가슴 붉은 당신도 피고 지는데
나의 기억은 이곳에서 질 줄 모르고

밤새 누군가의 울음이 연못에 가득 피었다가
오늘 또 지고

촛불 속에는

짐승의 눈이 있어

순한 시절에는
내 연인의 눈동자에 이글거리던,
그것은 부드럽고,
따뜻하고, 그것은 은밀했지
일렁이는 꽃불, 천천히 가슴을 데우던
나의 조용한 연인
나는 뜨거운 혀로 그의 눈빛을 핥곤 했는데

도시의 사막 한가운데서 물을 찾는 사람들
밤샘 텐트 속에서 고요히 차오르는 오아시스
새벽 광장을 적시고

누가 촛불의 심장을 건드렸나
뛰쳐나오는 한 마리 짐승
빌딩 숲으로 한 발, 한 발 들어서네
포효하는 촛불 눈동자가

빌딩 유리마다 반사되고
도심은 거친 숨결 빽빽한 숲이 되네
뜨거운 목소리에 이끌려
고요한 정원에서 뛰쳐나온,
지하철역 계단을 타고 성큼성큼 올라오는
뜨거운 얼굴, 얼굴들
황금 불꽃으로 빛나는 나무들의 성지가 우뚝하네

올뱅이국 먹는 저녁

우리 어디서 만날까
황간역에서

식당 문 열고 들어서자
우리보다 먼저 모여든 올뱅이들
붉은 대야 속으로 쏟아지는
한여름 밤 별 무리

친구의 어린 시절
고무신에 한가득,
주전자에 한가득 캐오던 다슬기를
올갱이라고도, 올뱅이라고도
아무렇게나 부르며
아무렇지 않게 서로의 안부를 묻다
툭, 끊기는 눈빛

목구멍 속으로 밀려드는 점액질 비애를
허겁지겁 삼키는 어스름

달방

내 것이 아닌 것을 끌어안고 자는
밤의 우물

어둠은 어둠 속에서 살이 오른다
잃어버린 빛들은 어디에 고여 있을까

멀어서 눈뜨고 만지는 달의 허리처럼
멀어서 눈감고 만지는 몇 장의 지폐들이
나선을 그으며 추락하는 밤

더러운 유리창에 떠 있는 달방

바람에 덜컹이는 달
자꾸만 옆구리를 파먹히는 달

충혈된 눈을 가려주며 떠오르는
붉은 달방 속으로, 사라진다
낮날 같은 얼굴

월정리(月井里)역에서

어떤 기억은 기적 소리를 내며 달려온다

월정리역 앞 소녀의 동상, 때 묻은
전설 속 소녀의 눈물이 기어코 달을 삼켰을까
우물을 길으면 벌건 달의 눈물이 한 바가지

철원평야에 넘실거리던,
무거운 머리를 쓰다듬던 바람은
이곳에서 잠깐씩 멈추었겠지

끊긴 철길 앞에 무릎 꿇은 기차는
여전히 일어설 줄 모르고
우리는 좀 더 먼 곳까지 가고 싶었다
손으로만 만져보는 가곡(佳谷)역까지라도

'달리고 싶다'는 오늘은
쉽사리 어제가 되고
내일은 기적 소리도 없이 도착한다

무장지대를 함부로 넘나드는 마음
아무도 몰래 바퀴를 굴린다

텅 빈 대합실 유리창으로 진입하는 햇살
전등갓 위의 먼지들 천천히 하차한다

기다림도 녹슬어
단풍처럼 떨어지는 이곳에서
우리는 또 기다린다
이미 출발한 내일을

선물

가끔 손을 오므렸다 펼치면
네 개의 문이 열린다

세 번째 문으로 들어와
첫 번째 문으로 나가시던 아버지

들어왔던 문으로 아버지가 사라진 날은
손바닥 안에서 모래알 같은 평화가
밤새 바스락거렸다

해설

저 두터운 상징의 숲

오민석(문학평론가 · 단국대 교수)

I.

문학은 재현이라기보다는 생산이다. 문학은 현실의 복제가 아니라 가공(물)이다. 가공된 현실은 원료로서의 현실과 거리를 취함으로써 저만의 세계를 만들어낸다. 문학 생산의 과정에서 작가는 수많은 생산수단을 동원한다. 물건의 생산에 필요한 수단이 기계와 토지라면, 시에 있어서 생산수단은 이미지와 상징들이다. 생산의 과정을 통해 문학의 원료들은 변형된다. 시는 원료인 현실과 이데올로기에 이미지와 상징이 덧칠을 한다. 이 '덧칠'은 세상을 다시 읽는 행위이며, 세계를 재구성하는 행위이고, 다시 쓰는 행위이다.

홍순영의 시집을 읽으면서 가장 먼저 드는 느낌은 이 '덧칠'의 두께가 만만치 않다는 것이다. 그는 원료인 세계에 이미지와 상징의 색체를 겹으로 입혀서 그것을 잘 보이지 않게 만든다. 그것은 마치 수많은 색깔들이 겹쳐지고 겹쳐져서 마침내 검은색이 된 캔버스 같다. 그것은 아무것도 드러내지 않는 검은 침묵 같다. 홍순영의 시를 읽는 것은 텍스트의 검은 표면을 긁어 그 안에 기입된 다양한 색깔을 드러내는 작업이다. 그러나 검은 표피 아래 있는 색깔들의 움직임이 그의 내부를 다 보여주는 것도 아니다. 그의 시들은 마치 "경실(硬實)" 같다. 그에 의하면 경실은 "종피가 단단하여 발아가 어려운 종자로 식물이 나타내는 휴면 현상의 하나"이며 "종피에 인위적인 상처를 내어 발아를 촉진하기도 한다."(「경실(硬實)」) 그의 시는 "종피가 단단하여" 밖으로 자신을 드러내지 않는 씨앗(종자) 같아서, 그의 시를 읽는 것은 이 두터운 상징의 껍데기에 "인위적인 상처"를 내는 일이다. 그는 '투명함'을 혐오한다. 다 드러나 발가벗겨진 것을 염오한다. 모든 것이 까발려진 것들은 얼마나 가난한가.

> 조명에 비친 물고기의 투명한 뼈,
> *그 가지런한 규칙들을 볼 때마다 부숴버리고 싶었거든*
>
> —「수족관」 부분

모든 것이 다 드러나 "가지런한 규칙"들만 남은 상태는 황

량한 죽음의 상태이다. 그것은 모든 신비가 사라진 창백한 수식(數式)의 공간이다. 설명할 것이 더 이상 남아 있지 않을 때 사물은 이미 종언(終焉)의 지점에 와 있는 것이다. 빤한 것들에 대한 혐오는 '의미의 죽음'에 대한 공포이다. "투명한 것이 더 무서워 허우적대는 날들"(「물고기 무덤」), "꽃의 생이 너무 친숙해져 무서운 나날들"(「사원의 불빛」) 때문에 그의 시는 덧칠을 계속한다. 그것은 까발려지는 것에 대한 공포의 터치(touch)이며, 신비가 사라진 세계에 비밀의 정원을 세우는 일이다. 그에게 있어서 시 쓰기는 바닥을 드러낸 의미의 저수지에 다시 물을 대는 작업이며, 출렁이는 미결정의 액체로 황폐한 바닥을 감추는 일이다. 그의 시를 읽는 일은 그렇게 두터워진 물의 깊이를 다시 들여다보는 일이고, 그 표면에 상처를 내어 그것을 출렁이게 하는 것이다.

II.

그의 시들은 친절한 재현을 거부한다. 친절한 언어는 현실을 복제하는 언어이며 고작해야 현실의 '짝퉁'을 만드는 언어이기 때문이다. 그는 누구보다도 시가 재현이 아니라 생산의 언어임을 잘 알고 있다.

지하에 사는 거미는 사람을 낳았나

자신의 영역이 확장될수록
불가능한 것을 가능하다고 여기는 오류가 태어나지

평생 할 수 있는 일이 거미집을 짓는 일이어서
그것은 일억 사천 년 동안 권태 없는 직업이어서
기척 없는 집 모서리마다 성실히 줄을 풀어놓는다
거미의 자식은 태어나도 우는 법이 없어
우는 소리를 듣지 못한 거미는
오늘도 하던 일을 계속할 뿐

사방에 뻗어 있는 거미줄 걷어내며 안쪽으로 들어섰을 때 거기
거미가 낳았으나 기르지 못한 사람, 얼룩처럼 누워 있었다
아홉 겹의 옷과 목장갑을 낀 채
오 년 여름 숨어서 마침내 백골이 된 사람이
거미의 아기가 된 사람
거미가 키우려 했지만 포기한 사람이

—「거미 인간」 전문

그는 "백골이 된 사람"이 지하방에서 아무도 모른 채 죽어 미라가 된 독거인이라고 설명하지 않는다. 이런 식으로 시의 의미를 고정시키는 것은 그의 시에 대한 무례한 폭력이다.

이 시 속에서 사람들의 철저한 무관심 속에 방치된 인간은 사람이면서 동시에 "거미의 아기"이다. 상징은 그냥 상징으로 읽어주면 된다. 어느 날 일어나보니 흉측한 벌레로 변해 있는 자신을 발견한 그레고르 잠자(카프카, 『변신』)처럼, 이 시는 거미의 아기로 변해버린 한 인간의 비극적 최후를 아무런 설명 없이 그려내고 있다. 그의 죽음이 더욱 비참한 것은 그가 사람의 계보를 잃고 거미의 계보로 옮겨갔기 때문이다. 거미는 사회적 약자를 죽음으로 몰아가는 폭력적 시스템의 상징일 수도 있다. 그러나 이 시는 거미의 원관념(tenor)을 생략함으로써 거미를 시스템보다 더욱 거대한 폭력과 공포의 부피로 채운다. 이미지가 텍스트 안에 원관념을 표기함으로써 친절한 설명의 길을 간다면, 상징은 이렇게 원관념을 지움으로써 기호에 신비로운 의미의 공간을 확장한다. 홍순영 시인은 이런 점에서 이미지스트라기보다는 상징주의자에 가깝다. 그는 시의 본질이 의미를 드러내기보다 감추는 것이며, 소통을 원활히 하기보다 소통의 채널에 장애를 일으키는 것임을 잘 알고 있다. 시는 설명하지 않음으로써 더욱 많은 이야기를 하고, 침묵함으로써 더욱 귀를 기울이게 하는 언어이다. 시는 의미의 바닥에 쉽게 안착하지 못하게 함으로써 상상력을 가능시키는 언어이고, 종점에 도달하는 시간을 계속 지연시킴으로써 더욱 다양한 의미의 가능성을 키우는 언어이다. 위 시를 아무도 모르게 죽어간 독거인에 대한 이야기로 한정할 때, 텍스트는 가난해진다. 시는 의미의 병렬이 아니라 확장이다. 이 시는 독거인에 대한 이야기면서 동시에 그것이 아닌 다른 모든 이야기들이다. 상징을 상징으로 그냥 놔둘 때 시가 시로 남는다.

III.

그의 시들은 이렇게 두터운 상징의 숲으로 이루어져 있다. 그리고 그 숲의 멀고도 깊은 중심에 '무엇'인가가 있다. 가령 "부드러워서 엉키고, 엉켜서 무성해지는/어두운 숲속에 갇혔던 유년", 그리고 그 "사라졌던 숲이 불현듯 쳐들어오고"(「틸란드시아」)와 같은 표현은 무의식의 먼 기억 혹은 시원(始原)을 연상시킨다. "어두운 숲"은 욕망과 본능의 고향이고, 어떤 치명적인 서사들이 "엉키고, 엉켜" 있는 공간이다. 그것은 마치 트라우마의 진원지와도 같아서 사라진 것 같지만 계속해서 다시 현실로 회귀하는 목소리이다. 같은 시에 나오는 "틸란드시아, 먼 이국 여인의/긴 머리를 잡아채 질질 끌고 가는/비애가 깔린 골목"이라는 표현은 그 시원의 공간이 폭력과 그로 인한 슬픔의 서사로 구성되어 있음을 알려준다. 그것은 먼 기억이지만 "틸란드시아"("공기 중의 수분과 먼지 속에 있는 미립자를 자양분으로 하여 자라는 식물")처럼 야금야금 자라며 현재로 끊임없이 넘어오고 쳐들어온다. 그것은 의식의 세계를 끊임없이 넘보는 무의식의 목소리이다.

> 커튼 사이로 어둠이 노란 알을 낳으면 몰래 그것을 품고 낮도, 밤도 아닌 시간을 길러요 비린내를 품은 깃털 간혹 가슴에서 꿈틀거리고, 나는 자꾸 일어서는 깃털을 속으로 마구 밀어 넣어요 웃자란 슬픔의 냄새 먼저 뛰쳐나가려 하지만 간신히 발을 걸어 넘어뜨려요
>
> —「과테말라 에필로그—과테말라에서 온 편지」 부분

어둠이 낳은 "노란 일", 가슴에시 꿈틀거리는 "비린내를 품은 깃털"은 무의식적 욕망의 리비도이다. 화자는 그것들을 "속으로 마구 밀어 넣"는다. 화자는 그것이 웃자라 밖으로 "뛰쳐나가려" 할 때, 그것에 자꾸 "발을 걸어 넘어뜨"린다는 점에서 무의식과 대척점에 있는 존재이다. 그것은 현실로 넘어오는 시원의 욕망과 늘 싸움의 와중에 있다. 그것은 "보이지 않는 것들을 생각하며" 짐짓 "보이는 것들에 탐닉"(「새장」) 하는 주체이다.

> 오래된 것들은 대부분 일그러진 표정
>
> 첫인상을 기억하려 눈썹 찡그리지 말아요
>
> 두 무릎을 끌어안은 채, 서랍 속 깊은 곳을 들여다보는 동안
>
> 냄새는 추억을 일으켜 세우죠

(……)
은밀한 공간에 번지는 냄새
(……)
'오래'라는 수레바퀴가 터덜거리며 우리 사이를 돌고 돌아요

—「감정껍질파이 클럽」 부분

그의 무의식의 멀고도 깊은 곳에는 모종의 '원초적 장면(primal scene)'이 있다. 그것은 상처와 폭력의 진원이어서 "대부분 일그러진 표정"을 가지고 있다. 그 상처는 설명되지 않는 "은밀한" 서사들로 구성되어 있다. 그것은 잠들지 않으며 마치 "냄새"처럼 현재로 계속 호출된다. "'오래'라는 수레바퀴가 터덜거리며 우리 사이를 돌고 돌아"라는 표현이야말로 원초적 장면의 무한한 회귀를 지칭하는 것이다. 그것은 마치 양배추의 속처럼 먼 내부에서 외부로 이동하는 오랜 이야기이다.

꼬깃꼬깃 접힌 그녀의 내부를 들쳐본다
물에 젖어 착 달라붙은 책장을 떼어내듯
조심조심, 울먹이는 뺨을 만진다

쉽게 터져 나오는 웃음과 눈물이 두려운 자는
자신의 살과 피로 고치를 만들지

스스로 안과 밖이 되어 겹겹이 여며지던 그녀의 방

공의 내부를 채우고 있는 것이 누구의 입김인지 모르듯
점차 공을 닮아가는 그녀의 불안은 터질 듯 팽팽하다

밑동 속에 단단히 박힌 심을 도려내자
중심을 잃은 그녀는 표지를 잃은 책처럼 너덜거린다
자신의 공허를 견딜 수 있는 건 표정을 갖지 못한 사물
들뿐,
그녀의 창백한 내부가 드러난다
한 번도 바깥을 경험하지 못한
치밀한 고독이 환한 조명 아래 깊숙이 배인다

―「양배추」 전문

그녀의 깊은 "내부"는 "울먹이는 뺨"으로 환치된다. 원초적 장면은 구체적 시니피에가 생략된 비극으로 구성되어 있다. 어찌됐든 그것은 드러내기 부끄러운 기억이며 아픔의 먼 진원이다. 주체는 그것을 드러내고 싶지 않으며, 그 저항의 결과가 "고치"이다. 고치는 딱딱한 '경실' 같아서 드러내기를 거부하는 내부를 가지고 있다. 그러나 어떤 인위적 힘에 의하여 껍질이 하나둘 벗겨졌을 때, "한 번도 바깥을 경험하지 못한" 그것의 정체는 바로 "치밀한 고독"임이 밝혀진다. 그것은 단단한 외피를 가지고 내부를 감추고 있는 겹겹의 저항이다.

"우리의 생은 누군가에게 발설되는 동안/이미 아픈 전생"(「사원의 불빛」)이라는 전언은 홍순영 시의 먼 기원이 아픔과 고통의 서사임을 알려준다. 의식의 한쪽은 그것이 백일하에 드러나는 것을 두려워하며 감춘다. "그 옛날 굳을 대로 굳어 딱딱해진 시간"(「경실(硬實)」)은 이와 같은 의식의 저항의 결과이다. "나는 수백 개의 지문을 지닌 채 유령처럼 사람들 사이를 떠돈다/처음의 나로 돌아갈 수 없다"(「수백 개의 지문을 지닌」)는 고백에서 "처음의 나"는 단단한 외피 때문에 경화(硬化)된 원초적 공간(장면)이 아니고 무엇인가. "수백 개의 지문"은 원초적 장면을 가리고 억압하는 (의식의) 위장의 장치들이다. 이렇게 의식의 한쪽이 먼 기억을 지우는 동안, 무의식의 다른 한쪽은 최초의 기억을 자꾸 소환한다. 홍순영의 시들은 이 망각과 기억 사이를 왕복 운동하는 진자(振子)이다. 그는 "빛과 어둠 사이를 폴짝폴짝 넘어"(「속죄양」) 다닌다. 그것은 마치 어린아이의 행위처럼 묘사되지만, 주체에게는 죽음 같은 고통의 경험이다. 그의 시들은 이 고통의 기록이다.

> 그 비릿한 맛에 손을 내저으면서도 나는 왠지 도망갈 생각을 하지 못했지 다만 네 발 묶인 짐승처럼 타다 만 불 냄새와 미지근한 젖 냄새 속에서 눈물을 찔끔거렸어
>
> —「속죄양」 부분

“엄마”, “고모”가 등장하는 이 시를 통해 화자의 구체적인 가족사를 우리가 유추할 수는 없다. 그러나 이 화자는 유년의 어딘가에서 “속죄양”처럼 붙들려 있다. 그 먼 기억은 한편으로는 의식의 저항에 의해 억압되고, 다른 한편으로는 무의식의 발동에 의해 계속 현재로 소환된다. “타다 만 불 냄새”와 “미지근한 젖 냄새”는 (최초의 기억에 엉켜 있는) 욕망과 죄, 고통으로 얼룩진 세계의 질료들이다.

IV.

이렇게 보면 홍순영의 시들은 죄와 욕망과 고통의 먼 기억들이 (늘어진 시간을 따라) 현재로 넘어온 역사에 대한 기록이다. 이 기록은 무성한 상징의 숲에 가려져 있으며, 이 두터운 저항 때문에 홍순영의 시에서 그 시원을 읽어내기란 쉬운 일이 아니다. 우리는 그것을 죄, 욕망, 섹스 등으로 설명할 수 있지만, 그것은 어디까지나 가능태로서의 지시어들에 불과하다. 상징은 텍스트의 어느 곳에도 의미의 닻을 내리지 않음으로써 스스로 존재한다. 상징은 시니피에의 무게중심을 없앰으로써 스스로 부양(浮揚)하는 언어이다. 그것은 자신을 묶드는 그 어떤 의미의 노예들도 허락하지 않음으로써 드넓은 자유의 공간을 생산한다.

시간은 바닥에 흘려진 나를
걸레질하듯 훔쳐내며 밖으로 사라진다

—「시계와 침대 사이의 자화상」 부분

시간은 상징의 숲을 통과하면서 최초의 그림을 "걸레질하듯" 계속 지운다. 그러나 역설적이게도 상징은 감춤의 행위를 통해 자신이 무엇인가를 감추고 있다는 사실을 드러낸다. 예술의 역할이 '보이지 않는 이데올로기를 보이게 해주는 것'이라는 알튀세(Louis Althusser)의 명제는 정확히 이에 해당된다. 그러나 예술(상징)이 보여주는 것은 대상의 '전모'가 아니다. 상징은 보여주면서 감추고, 감추면서 보여준다. 상징들은 그 자체 대상의 전모가 아니라 대상의 '징후'들이다. 그리하여 예술(시)을 읽는 것은 결국 징후를 읽는 것이다. 두터운 상징으로 이루어진 홍순영의 시들을 읽는 가장 좋은 방법은 이런 점에서 알튀세의 "징후적 독법(symptomatic reading)"일 수 있다. 징후를 가장 잘 드러내는 단어들과 그 유사어들은 시 안에서 가장 자주 반복되어 나타난다. 징후는 억압에 맞서 자신을 드러내고 싶은 욕망이 만든 의미의 구멍들이기 때문이다. 앞에서 우리는 그 징후의 계단들을 지나왔다. 그것은 '무언가'를 드러내면서 '무언가'를 감추고 있다. 그것은 시간에 따라 열기와 닫기를 반복하는 꽃 같다. 우리가 그 꽃 안에서 무언가를 읽어냈을 때, 그것은 다시 그 의미의 문을 닫고 그 안에 다른 의미의 씨앗을 키운다. 이것이 상징이고, 상징의 힘이다. 그럼에도 불구하고 꽃들은 특정한 의미의 고랑에 위치한다. 가령 "지워지지 않는 피로 누군가 오늘의 그림을 완성한다"(「죄는 왜 지워져야 하나」)는 문장은 홍순영의 꽃들이 어떤 고랑에 피어 있는지를 넌지시 알려준다. 무엇보다 그 "피"는 '지워지지 않는다'는 인식이 홍순영의 꽃들 속에 있다. 그것은 죄로 이루어진 최초의 그림이며 망각과 자각을 거듭하며 현재로 이어진다. 그것은 현재("오늘의 그림")를 장악("완성")하는 힘이다. 문제는 "기다려도 성당의 종은 언제부턴가 울리지 않는다"(앞의 시)는 것이다. 최초의 그림으로부터 자유로운 사람은 없다. 그런 의미에서 홍순영이 그린 상징의 숲은 보편성을 획득한다. 우리는 모두 먼 죄의 자식들이며, 그것을 부끄러워하지만 그것에서 벗어날 수 없다. 우리는 부끄러운 몸을 가릴 이파리들이 필요하다. 그것은 두터이 가릴수록 좋다. 시인은 무성한 상징의 숲으로 들어가 부끄러운 몸을 가린다. 그래도 징후가 드러난다. 우리는 징후를 통해 전모를 만나기를 원한다. 그러나 전모는 영원히 드러나지 않는다. 그것은 스스로 드러내지 않음으로써 우리의 상상력을 자극한다. 우리가 상징의 숲으로 가는 이유이다.

이 도서의 국립중앙도서관 출판시도서목록(CIP)은 서지정보유통지원시스템 홈페이지(http://seoji.nl.go.kr)와 국가자료공동목록시스템(http://www.nl.go.kr/kolisnet)에서 이용하실 수 있습니다.(CIP제어번호: CIP2017033389)

시인동네 시인선 084
오늘까지만 함께 걸어갈

초판 1쇄 인쇄 2017년 12월 11일
초판 1쇄 발행 2017년 12월 18일
지은이 홍순영
펴낸이 고영
책임편집 서윤후
디자인 헤이존
펴낸곳 문학의전당
출판등록 제2017-000002호
주소 서울시 마포구 마포대로 11길 91, 3층
전화 02-852-1977 팩스 02-852-1978
전자우편 sbpoem@naver.com

ISBN 979-11-5896-354-5 03810

*이 시집은 2017 경기도, 경기문화재단, 한국문화예술위원회의 문예진흥기금을 보조받아 제작되었습니다.